TEKTIME

Book published by Tektime
Tektime S.r.l.s. - Via Armando Fioretti, 17 – 05030 – Montefranco (TR)
ISBN 9788893985406

Guido Pagliarino

CENTRO STORICO
Porta Palazzo e dintorni 1990
Racconto corale in versi

Guido Pagliarino
CENTRO STORICO
Porta Palazzo e dintorni 1990
Racconto corale in versi
ISBN 9788893985406
Distribuzione Tektime Editore

INDICE
del poema
di
Guido Pagliarino
CENTRO STORICO
Porta Palazzo e dintorni 1990
Racconto corale in versi

"Centro storico" è un poema epico, o racconto in versi come oggi più comunemente si dice, un racconto corale che si snoda in "canti" intitolati a personaggi le cui vicende sono, direttamente o indirettamente, collegate. L'avevo scritto nel 1990; nel '92 era stato fra i 19 finalisti su circa 850 opere partecipanti a un concorso letterario per l'inedito indetto presso il Salone del Libro di Torino dal Baraghini, l'editore degli allora famosi libretti "1000 lire". Ampi stralci di "Centro storico" erano stati inseriti, in seguito al concorso, in una rivista e l'anno seguente il Centro Studi Cultura e Società – Istituto di ricerca e documentazione – aveva stampato il poema, lasciandomene la proprietà letteraria. Nel 2001 l'avevo ripreso apportando varianti, nel 2006, tornato sull'opera, avevo eliminato circa un decimo dei versi e, infine, alcuni dei rimanenti ho modificato all'inizio del 2008 arrivando alla stesura che qui ripresento.

Passati ormai molti anni, altri personaggi verrebbero alla penna, ma l'opera diverrebbe ibrida e anacronistica, il panorama non sarebbe più quello del centro storico di Torino nell'anno 1990 con quelle figure "nel piccolo mondo che vive a Torino tra il Duomo / la via Garibaldi ed i corsi Regina e Valdocco", come recitava un tempo l'incipit del poema, abolito nella nuova stesura: figure quali quei *marocchini*, come generalmente erano indicati tutti gli immigrati arabi, che nel 1990 vendevano per via spugnette e accendini, figure ormai pressoché scomparse e, come sappiamo, sostituite, a un estremo, da persone inserite in una seria attività e, magari, raggiunte legalmente dai famigliari, all'altro, da non pochi clandestini caduti nella delinquenza, dei quali era stato fra gli antesignani il mio personaggio Omàr Salazìm. Nel 1990 non c'era ancora, e dunque non appare nel poema, il terrorismo degli estremisti islamici, presenti ormai purtroppo, com'è ben noto, anche nel nostro Paese, i quali, a Torino, si celerebbero prevalentemente proprio nella zona del centro detta Porta Palazzo. Temo che, causa il terrorismo islamico corrente, qualcuno potrà non vedere con simpatia il mio personaggio del "buon marocchino" musulmano Abdùl Satelèch: i collettivismi, come recita Ariano lo storico, altra figura del poema, son bestie feroci, eppure la tendenza a ragionare per insiemi è malauguratamente spontanea e, sia nella storia, sia nel quotidiano, è fomite d'ingiustizia; ad esempio, poiché islamici sono i terroristi, ecco che tutti gli islamici sono, purtroppo, sospettati.

Porta Palazzo, lo dico soprattutto per i non torinesi, è oggi interamente zona d'immigrati, non solo dall'Africa ma dall'Europa orientale e dall'estremo Oriente, soprattutto dalla Cina; anzi i cinesi hanno costituito in zona Porta Palazzo, in breve tempo, una loro piccola *China Town*, mentr'erano figure pressoché assenti nell'anno 1990 in cui stendevo il poema. Non più molti sono gl'italiani in zona, vuoi perché molti dei più anziani, quasi tutti immigrati dal Sud, una volta pensionati son tornati ai loro paesi s'origine, per nostalgia e perché la vita là costa assai meno, vuoi perché i più giovani, da tempo, hanno normalmente preferito traslocare in appartamenti più recenti in periferia o in una delle località della seconda cintura torinese. È pure di molto diminuito nel centro storico cittadino, e in particolare a Porta Palazzo, il numero dei negozianti italiani, quali i lattai e formaggiai Antonio e Lisa che il lettore troverà nel racconto, esercizi commerciali quasi tutti ormai serrati e sostituiti, non solo in centro ma nell'intera area cittadina, da iper magazzini, ciò che, nondimeno, già annunciavo nel poema: senza bisogno d'essere un nostradamus, in quanto era un futuro non solo prevedibile ma chiaramente sul farsi, con grossi capitali scatenati a eliminare i piccoli negozi di quartiere, tanto influendo politicamente quanto diffamando la categoria coi loro mezzi d'informazione, accaparrandosi nel contempo permessi d'esercizio su vaste aree. È sopravvissuto però interamente l'ambulantato, soprattutto di alimentari e abbigliamento, primo fra tutti proprio quello del mercato di Piazza della Repubblica e paraggi (il più grande d'Europa) comunemente detto "di Porta Palazzo", ormai con molti venditori immigrati, prevalentemente cinesi e arabi: penso ch'esso non finirà perché il gusto del mercato ambulante è in tanti consumatori ben vivo e, soprattutto, perché i prezzi di Porta Palazzo restano concorrenziali, a scorno dei mega capitali.

Insomma, il poema mi appare ormai come un insieme di flash –

quasi – storici su di un centro storico torinese oggi in notevole misura diverso e, secondo me, peggiore; dunque il titolo originale "Centro storico" è divenuto, richiamando l'anno di stesura del manoscritto, "Centro storico - Porta Palazzo e dintorni 1990".

Un'altra cosa: s'era supposta a suo tempo un'influenza sul poema dell'"Antologia di Spoon River" e, inoltre, del Pavese di "Lavorare stanca"; così, precisamente, aveva commentato il mai abbastanza compianto Giorgio Bárberi Squarotti in un suo biglietto autografo:

> *Caro Pagliarino*
>
> *ho letto con vivo interesse questa galleria di ritratti di personaggi di un quartiere torinese, quasi una specie di "antologia di Spoon River" di vivi (con qualche morto), raccontata dall'autore - testimone nel verso di ampio respiro, ben modulato e scandito, da cui i volti umani, le tragedie, le situazioni paradossali e grottesche vengono fuori con efficace rilievo. Spesso l'attacco fa pensare a Pavese: con un che di ben più cupo e desolato, tuttavia.*
>
> *Giorgio Bárberi Squarotti*

Sull'opera "Spoon River" mi trovo d'accordo, sebbene la mia lettura del Lee Masters precedesse di quasi tre decenni la redazione di "Centro storico" e durante la stesura non l'avessi in evidenza; tuttavia, a cose fatte, non ecludo affatto che il mio inconscio l'avesse presente; quanto invece al Pavese di "Lavorare stanca", con quei suoi versi che a me, amante del ritmo, pur senza contestarne affatto il valore, tutt'altro, mi suonano un po' prosastici, penso che quel grande non c'entri, se non per la *piemontesità*, tanto come carattere di fondo, quanto per la comune, intenzionale traslazione in italiano, qua e là, di forme della lingua piemontese, ciò che però non è invenzione né sua né mia, ma prassi dell'ormai quasi scomparso popolo subalpino autoctono; peraltro, pare proprio che il "Lavorare stanca" pavesiano dovesse a sua volta a Edgar Lee Masters.

Inserisco in appendice al poema la prefazione di Sergio Notario alla prima edizione dell'opera, presentazione che originava da una posizione metafisica e ideologica diversa dalla mia; tuttavia, la capacità e l'umanità del prefatore avevano saputo cogliere sufficientemente bene il mio sentire, nonostante alcuni punti in cui si notava la lontananza di Sergio dal Cristianesimo; ad esempio, laddove affermava che il credente sente tutto il bene da una parte e tutto il male dall'altra, non mostrava d'aver chiara la distinzione fra dolore e male e il fatto che il cristiano non è affatto manicheo ma, al contrario, sente il peccato agitarsi in lui, e si veda cosa ne dice Paolo nella lettera ai Romani, 7, versetti18 e seguente: "Io so infatti che in me, cioè nella mia carne, non abita il bene; c'è in me il desiderio del bene, ma non la capacità di attuarlo; infatti io non compio il bene che voglio, ma il male che non voglio": per i cristiani è vero male solo il peccato, causa di dolore in ogni caso, mentre la sofferenza non sempre deriva dalla cattiva volontà di esseri umani, basti pensare a una malattia; ed è proprio qui che, a mio sentire, il Cristianesimo si distingue dalle altre religioni, col suo Dio ch'è uomo nel suo proprio Essere eterno e prova anche l'esperienza della vita materiale terrena entro la Storia (teologo medievale Duns Scoto[1]) assoggettandosi dunque a soffrire e morire a causa dell'altrui libera scelta (potenti del Sinedrio e del Tempio), rispettando la libertà concessa da Dio stesso a ogni essere umano. A un certo punto della prefazione il Notario parlava del miracolo d'una conversione, ma il lettore non cerchi quei versi, infatti li ho eliminati: da tempo li avevo avvertiti dolciastri; costituivano il vecchio finale nel quale il personaggio di Vincenzo il razzista diveniva credente e buono; adesso il poema si chiude sulla stessa situazione dell'inizio, quella d'un Vincenzo maligno, come normalmente succede nonostante le preghiere altrui, perché Dio rispetta la libertà di coscienza donata a ciascun essere umano, e l'assassinio da lui non impedito di Gesù ne è caso lampante. Sono molto riconoscente a Sergio Notario, poeta oltre che critico, musicista e tant'altro ancora, che, non limitandosi a scrivere la prefazione, aveva continuato a seguire l'opera per diverso tempo dopo la stampa, con presentazioni e letture pubbliche.

---

[1]Alla larga dall'atroce interpretazione d'Anselmo d'Aosta e Canterbury per il quale Dio Padre, infinitamente offeso da Adamo (il non infinito Adamo?), aveva preteso dall'uomo una riparazione infinita (sic) sacrificando il Figlio divino e umano! Interpretazione pagana, direi, che purtroppo trionfò e sopravvisse nei secoli fin al al Concilio Vaticano II: si pensi, a puro titolo d'esempio, al Manzoni de "Il Natale": " *[…] Qual mai tra i nati all'odio, / quale era mai persona / che al Santo inaccessibile / potesse dir: perdona? / far novo patto eterno? / al vincitore inferno / la preda sua strappar? / Ecco ci è nato un Pargolo, / ci fu largito un Figlio […]".*

Guido Pagliarino

CENTRO STORICO
Porta Palazzo e dintorni 1990

Racconto corale in versi

Vincenzo il razzista

Vincenzo una volta faceva le critiche ai *napoli*
e ladri puttane e assassini son tutti dei loro,
e appena *ci* parli ti cavano fuori il coltello,
e prima gli vengono mosci a implorare un lavoro
e quando li ha assunti, gli fanno tre mesi di mutua,
che dicono ai nostri «Torino è un paese di vacche»
e, invece, son loro che *ci*ànno le donne più lasche,
appunto le chiudono in casa nei loro paesi,
e quando poi sono nel largo e hanno l'uomo distante,
lo fanno con tutti di sopra, di dietro e davanti.
Da quando suo figlio ha sposato una donna del Sud,
Vincenzo dei *napoli* dice né bene né male.

Fortuna che adesso a Torino ci sono i *marocchi*,
così nuovamente ha qualcuno cui fare le critiche.

Abdùl Satelèch

Abdùl Satelèch prega Dio su un tappeto verzino
che fu di suo padre e del padre del nonno del padre.
Da quando è venuto a Torino fuggendo dall'Africa,
il suo tappetino lo tiene ravvolto alla vita
e solo lo spiega a pregare rivolto alla Mecca.
Abdùl Satelèch sta su un'auto sul corso Valdocco
trovata relitta e stargata e vi mangia e vi dorme:
non vuole ammassarsi in soffitte affittate da cinici
a più di duecento migliaia di lire per mese,
tra gente che pecca sfidando la Legge, che spaccia
o fa le rapine alle donne e agli anziani indifesi.
Lui tira il carretto per conto di qualche ambulante
e fa le consegne dei fiori per Lucio il fioraio
– a volte, qualcuno lo chiama a portare dei mobili
e allora guadagna quel giorno tre volte di più –.
La sera lo vedono in tanti che stende il tappeto
tra gli alberi in mezzo alle àuto e si volge al Signore,
né più lui s'accorge di voci, di rombi, di clacson,
di gente che attorno lo guarda ridendo di lui.
Poi mangia da solo e la notte la passa sull'auto;
gli stracci e i giornali d'inverno gli bastano appena
e quasi congela, ma Abdùl chiede niente a nessuno.
Quest'uomo, di certo, è nel cuore dell'unico Dio.
Volevano fargli la pelle laggiù al suo paese
perché non taceva di fronte ai soprusi d'un capo;
ma pure a Torino c'è gente che vuole che muoia:
Omàr Salazìm gli ha proposto di vendere droga,
e lui gliel'ha detto che il male è nemico del Bene
e più non gli parli e gli resti voltato e distante.

Omàr l'ha giurato, che o cede o gli toglie la vita,
e ieri l'ha fatto picchiare da quattro dei suoi,
poi gli hanno bruciato davanti il tappeto verzino.
Non passa più molto che Abdùl lo ritrovano morto.
Lui pensa: «Alla fine ritorno nel grembo di Dio».

Rosario il condomino

Rosario negli anni '60 salì su a Torino
trovando un lavoro in un grande opificio moderno;
poi venne la crisi: fu preso e mandato a riposo
con una pensione da viverci un giorno su tre
perché anticipata – un accordo tra gran capitali,
polìtici e sìndacalìsti per togliere gli oneri
a quella grandissima impresa e girarli sul pubblico –.
Allora Rosario si fece il suo nuovo mestiere
ed ora trasporta le merci per terze persone
col suo furgoncino malconcio comprato d'incontro;
lavora da solo ma a volte, se il carico è greve,
richiede l'aiuto pagato d'un *buon* marocchino,
Abdùl Satelèch, diligente e di poche pretese.
La moglie s'arrangia a stirare per altre famiglie
e porta a Rosario, ogni mese, una cifra discreta.
Guadagnano pure le figlie, commessa e impiegata.
Convivono stretti in un vecchio palazzo vicino
a un grande mercato del centro in due piccole stanze
comprate per pochi denari negli anni più lieti;
ma, insomma, la vita per loro sarebbe benigna,
non fosse che c'è nella casa una mala famiglia
superba, ricchissima gente – «un alloggio stupendo
con bagni all'interno, di cinque locali e salone» –
cui capo è un anziano ambulante che insieme ai tre figli
maggiori fa ricchi mercati con grossi autocarri;
la figlia ha sposato un dottore, persona importante,
«un altro di quei *polentoni* superbi del nord»,
e il padre ne parla così come fossero dèi.
Persino il figliolo minore è arrogante e una volta,

ridendo, gli ha fatto cadere uno sputo sul capo
dal proprio balcone ed un'altra quel piccolo cane
di sette-otto anni gli ha fatto le corna e le smorfie.
Fu quella la volta che lui salì sopra dal padre
chiedendo le scuse e quell'altro, per tutta risposta,
gli disse: «Tu lascialo stare ché è meglio per te!»;
e sempre gli mettono *apposta* i due camion davanti
al suo furgoncino e Rosario è costretto a pregare
di farlo sortire e quegli altri gli ridono in faccia;
e pure se poi, ma con calma e con grande ritardo,
s'inducono a aprirgli la via, lo guardano male.
Ad ogni assemblea sono lì che si vantano, gonfi,
che loro son quelli che pagano spese maggiori,
e intanto lo fissano come si fissa un pezzente.
No, lui non perdona 'ste cose e la gente lo sa,
la gente che dietro sussurra: «Finisce a coltello!».

Il vecchio ambulante

In fondo a una strada che dà sulla Porta Palazzo
sta un vecchio ambulante che appena qualcuno lo guarda
gli salta alla gola e gli scuote la polvere addosso.
Adesso lo aspetta un vicino – famiglia nemica –
che porta la merce sull'*Ape* alla gente di piazza.
Il vecchio ambulante la merce la porta da solo,
negli anni e da onesto s'è fatto due camion coi figli,
dei figli che lunga del padre han la cresta da gallo.
Tra poco qualcuno di certo ci lascia le piume.
Il piccolo pure, sett'anni, ha la cresta da gallo:
stamani è nel mezzo che gioca di via Tre Galline
e allora dal vicolo passa il vicino, con l'Ape,
e suona e lampeggia ché l'altro sta in centro e di spalle.
Il bimbo si gira soffiando e gli grida: «Che vuoi? »
facendogli il gesto che dice *mazziato e cornuto*;
così l'altro scende e gli molla due calci nel culo.
Il bimbo se solo ha un coltello gli spacca la pancia;
così solo calcia e quell'altro gli gonfia la faccia.
Il piccolo scappa e non piange ma va da suo padre.
Appena che il padre ha saputo, s'è messo a cercare
quell'altro, che aspetta; e lui pure ha affilato il coltello.
Comunque che vada fra poco, quel vecchio ambulante
la Porta Palazzo e il mercato non vede mai più.

Don Rocco il parroco

«Lasciatelo a me quel bastardo nascosto in prigione,
gli strappo quegli occhi di porco e gli sbrano la gola! »
urlò come furia alle esequie del proprio marito
la vedova, Nunzia, piangendo il consorte ammazzato:
«Lasciatemi in mano Rosario dannato assassino,
cornuto vigliacco invidioso nemico di Dio!».
All'odio di quelle minacce congiunto con Dio,
don Rocco il curato, cui venne d'istinto risposta,
si tacque, ché a nulla sarebbe servita parola,
e corse, piuttosto, alla fine de la cerimonia.
Ma uscendo la bara, la vedova, volta all'Altare,
ancora un'orrenda bestemmia gettò sul Signore,
svenendo d'appresso: «Tu fammelo uscire e Ti giuro
che dono metà dei miei beni alle suore ed ai preti!».
«Ed era una donna sì mite dapprima! una buona
signora che dava denaro e fatica, sovente,
ad ogni persona che aveva bisogno d'aiuto
assieme alla figlia, una cara ragazza gentile
sposata da poco a un laureato, di gran carità.
Invece il defunto era uomo un po' troppo deciso
e pure i suoi maschi, cresciuti all'esempio del padre;
per questo» - pensava don Rocco - *«si sparse quel sangue,*
e pure ché l'altro, Rosario, era uomo di bile,
e lite su lite, rancore che cresce, miserie,
moriva per via di coltello quell'essere umano».
Son queste le volte che un prete vorrebbe più forza.

Don Rocco era nato nel sud, presso Reggio Calabria,
ed era venuto a Torino nel '53,

a soli due anni, col padre, la madre e i fratelli.
A venti era un bravo infermiere d'un grande ospedale
contento di fare del bene; ma attorno vedeva
un tale dolore, ed ovunque nel mondo, che spesso
pensava soffrendo: «Perché tanto male è permesso?!».
Non fu all'improvviso che prese la sua decisione,
ma solo a trent'anni compiuti ed entrò in seminario:
là forse gli avrebbero dato risposta al quesito.

È prete da quasi sei anni, curato da due
in quella parrocchia del centro, bellissima e antica;
e quanta fatica tenerla da solo! e la sera,
che gran solitudine in quella canonica vasta!
Per peso maggiore don Rocco si deve guardare
da tutti i drogati che rubano dentro la chiesa;
sovente ha dovuto lottare e con gente di ghiaccio,
ma il Cielo l'ha sempre protetto: l'estate passata,
due giovani grossi, dagli occhi più freddi dei marmi,
entrarono e innanzi a don Rocco, con fare spontaneo,
rubarono un paio di quadri da altari minori;
e poi ch'egli s'era parato dinanzi all'uscita,
l'avevano preso e buttato per terra con forza,
uscendo coi quadri; ma lui dietro a loro, gridando.
Allora l'avevano assieme percosso con ira.
Passava davanti alla chiesa un robusto immigrato,
«*per Grazia di Dio certamente*» e vedendo la scena,
quell'arabo lesto era corso in difesa del prete,
picchiando di santa ragione quei due picchiatori
che aveva fugato, salvando don Rocco e i dipinti.
Tre cose ricorda più vive del fatto don Rocco:
che l'un dei drogati, scappando, gridava «Ho paura!»

il viso dell'arabo, il quale non disse il suo nome,
e ch'egli portava un tappeto alla vita, verzino.
Da un lato, la forza del male che mise alla prova,
dall'altro, la scelta d'aiuto di quel suo fratello
che diede a don Rocco più credo ne la Comunione:
son quelle le volte che incontra le prove di Dio;
ma in nulla riuscì a sollevare quei due disperati;
invece altre volte, ben poche purtroppo, ha potuto
condurne qualcuno in un Centro che cura drogati
d'un suo parrocchiano, Giampaolo, dottore psichiatra;
ma quando non può dare aiuto, don Rocco s'abbuia.

Per molti cristiani la scelta di credere è sforzo
e il dubbio ritorna; a don Rocco ritorna sovente;
e quando più crede egli chiede, parlando al Signore,
di dargli la forza di credere sempre; ma sa,
insieme, che il mezzo del dubbio è per sua elevazione.

Da due settimane don Rocco è di nuovo nel tempo
del dubbio e di prova per lui, di pesante tormento:
è il dubbio, alla mente cristiana, tra i mali più grevi:
«Che cosa ho da fare per essere certo di Te?».

Com'è che domenica Nunzia, durante la Messa,
nel punto d'esprimere agli altri le buone intenzioni,
è andata all'ambone e ha annunciato: «Io perdono
Rosario!»?

Giovanni il bancario

Giovanni, bancario, è un laureato di Piazza Arbarello[2]
e vive in un vecchio palazzo d'un viale del centro
con Tina, la moglie, già figlia d'un vecchio ambulante
ch'è morto da poco ammazzato in un *duello d'onore*.
Giovanni si chiede com'è che una brava persona,
*«venuta a Torino da più di trent'anni e che ha fatto
fortuna col suo faticoso ed onesto lavoro»*,
sia morta in un modo *«talmente lontano dal mondo»*.
Suo padre, Vincenzo, diceva: «Son *nàpoli*, attento!»
ma Tina è una brava ragazza e sbagliava suo padre.
Sì, certo, quel suocero ha fatto una cosa da pazzi:
la gente, in ufficio, silenzio: parlavano gli occhi.

La suocera, Nunzia, ha pregato sia lui sia la figlia
di darle uno stipo ch'è in casa e che fu del marito;
in cambio dà un bel canterano da poco acquistato.
«Va bene, cerchiamo chi faccia i traslochi per noi.
Però non è il caso di dare dei soldi a una ditta,
è meglio trovare chi accetti di farlo per poco».
Giovanni e sua moglie hanno fatto girare la voce.
Due giorni soltanto ed arriva a sonare qualcuno:
«Oh, capo, buongiorno! Io sono Abdùl Satelèch.
M'ha detto traslochi. Li porto e ti chiedo di meno».
Bisogna sapere che, innanzi al palazzo di fronte,
ci sono dei nordafricani che spacciano droga,
accanto a un lattaio e che questi ha sgridato 'sta gente

---

2 In Piazza Arbarello aveva sede la facoltà di Economia e Commercio
dell'Università di Torino, prima di trasferirsi in più ampia sede in Corso Unione
Sovietica.

e, dopo tre giorni, ha trovato il negozio svuotato.
Giovanni e la moglie si guardano appena negli occhi:
magari, se vede l'alloggio, poi torna a rubare;
è meglio far finta di niente e trovare una scusa;
e Tina, gentile, gli dice che sono già a posto.

Saran dieci giorni, passando da corso Valdocco,
Giovanni lo vede pregare rivolto alla Mecca,
e quindi salire su un'auto a dormire fra stracci.
Adesso è sicuro: quell'uomo non vive di furti.
Ne parla alla moglie e lei pure si sente un po' vile.
In casa hanno un vecchio cappotto, ma ancora ben messo.
Vi mettono in tasca cinquanta biglietti da mille,
ne fanno un bel pacco e Giovanni, la sera seguente,
lo porta a quell'uomo; ma trova la macchina sola.
Più volte è tornato a cercarlo, ma l'altro è scomparso.

Omàr Salazìm

Omàr Salazìm, da ragazzo, vendeva ai turisti
antiche lanterne imitate davanti a Cartagine,
anelli, collane, tamburi e, cogli altri ambulanti,
faceva una folla più grande di tutti i clienti.
Per lui, per sua madre, la vita era piena di pena.
Passando nei bar, qualche volta, vedeva alla tele,
ben chiari, i programmi TV dall'Italia – là a Tunisi
arrivano belli puliti – : «Che soldi in Italia!»
e un giorno decise: «Io parto», sorrise alla madre,
«poi torno e facciamo la vita tranquilla dei ricchi».
Abèdin Bin Aàrif trasporta emigranti in Sicilia,
nascosti nei doppi fondali del suo peschereccio,
per conto di gente italiana che poi li organizza
in varie città dell'Italia per fare il commercio.
Si dice che ognuno riceva in gestione un negozio.
Così Salazìm, alla fine, è arrivato a Torino.
Il giorno seguente gli han messo una borsa a tracolla
con dentro accendini e mollette da vendere in giro
e l'hanno piantato da solo a soffrire la fame.
Passati due mesi, quand'era ormai cotto a puntino,
l'han preso da parte e gli han detto: «Ci vendi la droga.
Vedrai che guadagni parecchi milioni per mese».
Gli han dato duecento migliaia di lire d'acconto.
«Cos'altro mi resta da fare?!» ed è corso a mangiare.
Da sùbito Omàr Salazìm s'è mostrato fidato
e, dopo nemmeno due anni, già era un capoccia
con sei dipendenti e il mandato di farne dei nuovi.
*«È un còmpito duro guidare la gente che spaccia,
si deve saper ordinare ed avere prudenza»*:

Omàr porta insieme le doti di uomo deciso,
di vice solerte col capo – un maturo italiano –
di accorto ed acuto gestore del gruppo dei suoi.
Un giorno qualcuno di loro sedé sul gradino
davanti a un lattaio – con tanto che aveva insegnato:
«Prudenza, tranquilli, mai farsi notare!» – e il gestore
uscì per sgridarli e ci fu quasi quasi una zuffa.
Disgrazia poi volle che, dopo due notti soltanto,
dei ladri italiani scegliessero proprio il negozio
di latte e formaggi per farci a puntino il mestiere.
Di certo il lattaio, ed Omàr lo comprese all'istante,
avrebbe pensato a un'azione dei suoi, per vendetta;
allora cambiò in un momento la zona di vendita
e tutto andò bene. Altre volte è costretto alla forza
per fare girare le cose: è successo da poco,
è stato costretto a ammazzare, temendo parlasse,
Abdùl Satelèch – maledetto cammello testardo! –
perché non aveva voluto spacciare per lui.
«Accumulo quanto mi basta e ritorno al paese»,
pensava all'inizio spedendo i denari alla madre;
ma adesso le manda soltanto dei soldi ché viva
e il resto lo investe in Italia in azioni e mansarde.
S'è presa una bella italiana per casa, drogata,
che fa la sua schiava obbediente e riceve le dosi
insieme a siringhe pulite, perché non s'ammali,
e accetta di stare rinchiusa soltanto per lui.
Omàr vuole adesso restare per sempre in Italia,
ha in mente, da un poco di tempo, di fare carriera,
e cerca, furtivo, chi porti la roba al suo capo
per poi divenire anche lui dirigente di zona.
Non sa che tra un mese lo pescano morto nel fiume.

Gaia la liceale

«Avere due gran genitori è una cosa pazzesca,
perché sono troppe le volte che sono lontani,
e quando li hai insieme hanno sempre la testa distante»,
pensava, soffrendone, Gaia, seconda liceo,
restando da sola *coi servi* – parole del padre –,
villone sul punto più bello di tutta Torino.
I suoi genitori credevano, un tempo, al progresso,
volevano assieme cambiare la scuola ed il mondo;
cresciuti, sposati e in carriera, hanno nuovi traguardi:
politico lui, penna d'oro la moglie in giornali
famosi di gente che ha soldi e sa farli fruttare,
si battono adesso per quanto dia loro successo.
Lui ora combatte «esercenti e ogni altro evasore»,
lei scrive tenendogli banco e hanno soldi e consensi;
ma a forza di fare battaglie per questo e per quello,12
han perso di vista la figlia che, senza un ideale,
da un anno è finita in un gruppo che prende la droga.
Dapprima è bastata la grossa paghetta mensile
ma poi, più viziata, ha dovuto rubare alla madre
che, un giorno, l'ha colta sul fatto e s'è presa due pugni;
poi Gaia è fuggita da casa con tutti i gioielli.
I due genitori, ed invano, la cercano ancora.
Per Gaia, all'inizio, era gioia di farli soffrire;12
ma poi non c'è stata per lei che la voglia di droga.
Ormai senza soldi, è finita per serva ed amante
a un tale che chiamano Omàr ed ha sempre la roba.
Lui tiene la giovane in casa e le fa ciò che vuole,
ma a lei non importa di nulla, non prova più male

né schifo alle cose che Omàr si permette di farle,
e prega soltanto che l'uomo la tenga per sempre.

I lattai

Vincenzo, cliente maligno: «Ha attaccato il cappello,
diceva d'Antonio, marito di Lisa lattaia,
– antico fiorente negozio fondato dal padre –.
Venuto dal sud all'inizio degli anni '50,
Antonio, ventenne, a Torino trovò il suo lavoro
in ùna officina d'un grànde moderno complesso.
Così come un tempo faceva sull'acque del Sele,
nei giorni di festa, se bello, vogava sul Po:
puntava da ponte Isabella su verso il Sangone
e là s'ancorava a pescare le trote ed i lucci
– negli anni cinquanta quell'acqua era ancora verdona –
poi, calmo tranquillo, tornava remando a pagaia;
e proprio sul fiume, un bel giorno, conobbe sua moglie,
seduta con altre sul greto a prendersi il sole.
Sposò la ragazza, con qualche mugugno del suocero
– autoctona gente un po' chiusa da Valdellatore –:
lei stava in negozio a aiutare suo padre, a stipendio,
e coi due guadagni facevano vita serena;
ma un giorno degli anni '60, già nati i due figli,
a Antonio piombò sulla gamba sinistra una lastra
pesante di ferro e, da allora, girò col bastone:
non più remigare sul fiume, non più il suo lavoro,
se n'ebbe, per riparazione, una somma importante.
Il suocero, stanco, voleva lasciare il negozio;
Antonio, con quel capitale, comprò la sua azienda,
lasciando l'insegna intestata al cognome di Lisa.
Poi un po' gli dispiacque, ché tanti dicevano, ignari,
«la ditta de la sua signora» o «l'azienda del suocero».
Antonio portò novità nel negozio e espansione:

rinnovo e poi nuovi locali, ed al burro ed al latte
aggiunse, e alle uova, ogni sorta di ghiotti formaggi.
Soltanto da lui si trovava quel buon parmigiano
che ormai si credeva scomparso, gruviera di pasta
ben dura con dentro la goccia che pizzica bene
la lingua golosa, fontine d'Aosta di quelle
che lasciano buona la bocca e tant'altri ghiottumi.
Da tutta Torino poi vennero a fare gli acquisti.
Non misero molto da parte, ché il bene dei figli
fu, insieme con quello d'avere una ditta famosa,
lo scopo del loro lavoro; e laurearono i figli
e misero il resto dei soldi a ingrandire l'azienda;
ma l'uomo propone e la stampa ed il luogo comune
dispongono spesso diverso ed il male ne gode.
Man mano che il gran capitale investiva in commercio,
le voci di vari giornali colpirono i piccoli
e Antonio e la moglie e i colleghi se n'ebbero fama
di ladri e evasori soltanto perché commercianti.
Pareva ad un certo momento che loro e i colleghi
avessero, e soli, ridotto l'Italia allo sfascio.
Antonio è credente, la moglie per nulla, ma entrambi
son buone persone orgogliose dei loro doveri;
diversi alla fine: lui, forte del credo nel Cielo,
invece che Lisa non ha maledetto nessuno.
«I collettivismi son bestie feroci», gli disse,
parlando del fatto, una volta, un cliente che scrive
tenendo fra l'indice e il pollice un pezzo di grana:
«Umm, buono all'assaggio, ne metta un bel paio di etti».
Che quella crociata nemica al commercio scattasse
al fine dei grossi interessi di gran magazzini,
oppure, sembrava ad Antonio, per mascheratura

di colpe di politicanti – e a acquisire lettori –
è certo che i prodi guerrieri se l'ebbero vinta.
Ormai nel negozio i clienti venivano appena;
fu gioco, persino, ad un punto, d'accendere un prestito.
Intanto una nuova sventura aggravava la sorte:
avevano appena finito di rendere i soldi,
che un gruppo di nordafricani che spaccia la droga
si mise davanti al negozio a curarsi gli affari,
e quello e il continuo viavai di ragazzi drogati
ancora ridussero e molto gli incassi e i clienti.
Un giorno del mese trascorso, per buona pesata,
quel gruppo di gente che spaccia sedette dinanzi
ad ogni vetrina e persino davanti all'ingresso.
Il troppo era troppo ed Antonio, col bravo bastone,
uscì zoppicando a sgridare quei *bravi ragazzi.*
Ne nacque un diverbio con spinte alle spalle d'Antonio;
fortuna che, lesta, la moglie gridò nella strada:
«Arrivano adesso! Un minuto e son qui i poliziotti! ».
Non era pur vero, ma agli altri bastò per filare.
«Vendetta tremenda!» poi disse ridendo Vincenzo,
cliente maligno, ed «Avevano troppa fortuna!».
Tre giorni d'appresso, intendeva, il marito e la moglie
trovavano vuoto il negozio e gli arredi distrutti.
Che fare? Risparmio più niente. Richiedere un mutuo
e, intanto, dovere pur sempre pagare l'affitto?
Mercato ormai quasi morente, era meglio lasciare
chinando la testa al trionfo dei gran magazzini;
ma come campare?! Ed Antonio ha un attacco apoplèttico.
Adesso è disteso in lettiga più morto che vivo,
e a Lisa ora sale nel cuore la disperazione:
sessànt'anni entràmbi, che cosa rimane da fare?

Pensione, due soldi; null'altro, e quei poveri figli
«Fortuna che almeno hanno entrambi un discreto lavoro!»
coi loro bambini hanno spese più grandi di loro,
non possono certo aiutare né padre né madre.
Sì, come potranno mangiare sia lei sia il marito?
Ma quello del cibo d'Antonio è un problema che muore.

Ariano lo storico

Ariano ha due grandi passioni, la storia e il formaggio:
se un altro passeggia mangiando un gelato, lui gusta
un tocco di berna sublime o di grana divino
leggendosi un libro e prendendo un po' d'aria sui corsi.
Oh, quanto squisiti i formaggi d'Antonio e di Lisa,
lattai con negozio a Torino, vicino al suo alloggio!
Purtroppo, da un poco di tempo, hanno chiuso bottega.

Nel cuore d'Ariano discorrono stirpi diverse,
suo padre è cristiano e, da viva, la madre era ebrea;
per via delle leggi razziali non furono sposi.
Il nome d'Ariano lo scelse la donna, ad usbergo:
il giorno che[3] venne alla luce, nel '44
in piena invasione tedesca, vicino a Torino,
da tempo era aperta la caccia alla gente di David;
e il mese seguente, a denuncia d'un servo degli unni,
un gruppo di neri nazisti portò via la mamma,
che non è tornata; si pensa scomparsa in un lager.
Il nome ad Ariano fu grazia e una donna che prese,
davanti ai tiranni, a donargli il suo latte, da madre;
rimàse sua bàlia e il bambino le volle un gran bene.
L'enigma dell'odio di razza fu poi per Ariano,
da ch'èbbe l'età di ragione, l'obietto di studi
che giunsero, avanti, a scoprire un problema più vasto.

---

[3] Quel "che" può essere visto da qualcuno come un anacoluto, sebbene sia una forma ormai nell'uso. Nella prima stesura c'era "in cui", ma ostacolava un poco il ritmo, anche se, purché ben pronunciato, non portava a 16 sillabe invece delle debite 15 e, d'altro canto, non così m'era venuto spontaneamente il verso, che ho riportato al primo getto.

Arduino, suo padre, lo fece arrivare a maestro,
poi lui, lavorando, si prese la laurea in Istoria;
ma essendo già in ruolo, è rimasto a insegnare ai bambini[4].
Ariano ha una stanza ripiena di libri e giornali,
e pubblica spesso ricerche e commenti in riviste.
Infine è riuscito a stampare un suo denso libretto
che tira le somme di tutti i suoi saggi sul male
dei collettivismi, concetto centrale ai suoi studi,
istorici figli guerrieri de *gli universali*.
Ariano ha capito che c'è una costante nel tempo,
che i còllettivismi son càusa di guerra e razzismo,
alfieri di persecuzioni, fattori di lutti,
e in essi ruggisce e divora l'istinto del branco.
Persino nel giorno per giorno rovinano gente:
c'è a scuola un collega, Sajàs Sefelìk, eritreo,
che ha ormai da gran tempo anche lui passaporto italiano,
eppure, insegnante e, anzitutto, persona dabbene,
è, fuori di scuola, trattato con gran diffidenza
e spesso riceve del tu dalla gente che incontra;
e, sempre in Ariano, è presente il discorso che, un tempo,
gli fece il lattaio: «Soltanto perché commerciante,
la gente mi crede senz'altro un infido ladrone,
nemico del fisco, un corrotto negato all'ideale:
per gli altri non sono più Antonio, mia moglie non Lisa,
ma solo e soltanto dei ricchi esercenti evasori».
Quel povero uomo è mancato da poco e in miseria:
qualcuno gli ha preso la merce ed un ictus la vita.

Il libro d'Ariano interessa pochissima gente,

---

[4] In quegli anni non era ancora necessaria la laurea per insegnare nelle elementari,
erano richiesti il solo diploma magistrale e l'abilitazione.

a lui sembra un testo importante ma agli altri non cale.
Le copie vendute? Trecento all'autore e due sole
ad altri, il fratello di latte e un amico sincero.
Allora ha deciso: lui manda il volume per posta
a ognuna de le biblioteche di cui ha l'indirizzo;
magari qualcuna l'archivia ed un giorno lontano,
c'è pure chi legge ed apprezza il suo libro importante.

Arduino parrucchiere per signora

Che vita, lui solo, tirare su bene suo figlio!
ma Arduino non ha mai voluto trovare altra donna
che Sara, accoppata dai nazi nell'ultima guerra
perché israelita: non mai fu sua moglie per colpa
di leggi razziali e per quelle, pur soci, lui solo
sembrava il padron di bottega: DA ARDUINO LA TINTA
E LA PERMANENTE. Lei incinta del figlio, temendo
l'orrore razzista, la fame e le bombe alleate,
Arduino mandò la sua Sara in campagna da amici;
ma là venne presa; era nato il bambino da un mese.
L'assurdo dell'odio di razza, l'orrore di guerre
tra gente che non si conosce! e lui pure, ora, è odiato:
con una campagna di stampa massiccia, la stessa
che dopo il '38 fu fatta contraria agli Ebrei,
l'han reso, con tutti i colleghi, *artigiano-evasore*.
Beato suo figlio, insegnante, tassato alla fonte!
E adesso ecco l'ultima grana, Ajanìra, una negra
che, ormai tutti i giorni, gli viene per farsi la piega
gli ha fatto scappare clienti: non sa come fare
per dire a 'sta scimmia che smetta d'andare da lui!

Ajanìra Babùtu

L'han scritto i giornali, l'ha detto più volte la tele:
c'è gente in Italia che cerca ragazze nel cuore
dell'Africa nera e promette lavoro e guadagni:
diciotto milioni, si conta, per dodici mesi
di lieve fatica in Italia ed il vitto e l'alloggio
– nel loro paese ci campano, bene, vent'anni –.
Darebbero a tutte, si dice, un anticipo congruo,
il resto soltanto al ritorno; e son tante a caderci.
Appena alla mèta, le mettono a vendere il corpo.
Si sa che trattengono – scusa è che fanno per loro
le carte per la residenza ed un vero lavoro –
i loro attestati nascosti, temendo una fuga.
Tra queste immigrate che fanno commercio dei sensi,
c'è pure Ajanìra Babùtu, villaggio di Zhu,
che vive aggrumata con altre in un buco cadente
d'un vecchio palazzo a Torino, nei pressi del Duomo.
La notte va a battere i tacchi ai Giardini Reali.
Ne han scritto i giornali, ne ha detto la televisione,
ma tutto rimane com'è per la schiava Ajanìra:
in questo paese di mille accademie si crede
che basti parlare e già tutto sia bell'e compiuto.
No, nulla è cambiato e Ajanìra, con tutte le altre,
continua a donare il suo corpo ai *civili* italiani
bramosi d'avere, un momento, una schiava di sotto
e farle, anzitutto, le cose che lei non sopporta,
le cose che, dicono i vecchi, i guerrieri di Zhu
facevano, ai tempi dei tempi, per spregio, alle donne
rapite ai villaggi sconfitti nei giorni di guerra,
e mai e poi mai alle proprie onorate consorti,

le cose che a questi italiani son fatto normale,
e, peggio di tutti, a un vecchiardo che pure l'insulta
chiamandola *sporca negraccia:* si chiama Vincenzo.

Luigi il personalista

Mio caro lettore, qui e adesso ti picchio la testa:
negli anni '70 un brutale nemico dell'uomo,
l'ideale a parole, era vivo e di nuovo possente;
soltanto che, invece che nera, in quegli anni era rossa
la tinta di moda e già come in passato era rosso,
pel nero, qualunque colore che nero non fosse,
negli anni '70 colori diversi dal rosso
si presero, senz'alcun dubbio, del nero da lui.
La testa ora un poco ti duole, mio caro lettore?
Se t'ho rintronato la mente, tu porta pazienza,
e s'èri già adùlto in quegli anni, ti porgo le scuse;
ma s'èri un bambino o, magari, nemmeno eri nato,
ringrazia: t'ho dato un'idea, e tu tienine conto,
degli anni '70 nei quali più forte picchiava
il sole sul capo alla gente – e la gente altra gente –.

Luigi, sicuro che l'uomo sia fine e non mezzo,
convinto già allora che classi e partiti son nomi
ed è la persona che conta e lo Stato è per l'uomo,
non questi per quello o per classi o partiti o parole,
vedendo in entrambe le tinte, quel rosso e quel nero,
colori violenti di morte nemici dell'uomo,
negli anni '70 s'oppose con tutte le forze
al loro trionfo e si prese un bel mucchio d'insulti;
e fece la prova del nove che aveva ragione.

Via via, le bevute di fiele si fecero rare
e infine la moda del rosso si sciolse nel sangue,
e il nero, svenuto il nemico, ricadde in letargo;

ma nuovi bicchieri eran pronti, nauseanti, di bile.
Ben presto Luigi s'accorse che molti fra quelli
che avevano urlato: «Diritti! Progresso! Uguaglianza!»
picchiando le teste, passati dieci anni oramai,
avevano facce giulive e parecchi miliardi:
di tante parole d'un tempo, era in loro rimasto,
concreto, soltanto il diritto che ignora il dovere.
Non tutti, sia chiaro; Luigi ne vide anche tanti
curare, nel giorno per giorno, delusi un impiego;
e alcuni tra quanti conobbe – un Giampaolo, ad esempio,
psichiatra che ha fatto un buon centro di cura per tossici –
aiutano gente nei fatti e con grande pazienza;
ma i primi san solo adorare la propria persona:
Gilberto è un politico gonfio del proprio potere;
Luciana, sua moglie, che avrebbe donato la vita
quand'era ragazza per fare giustizia nel mondo,
è adesso una firma famosa al servizio di pochi;
Bernardo è una grossa figura a la télevisiòne
che prédica, in show rumorosi, che ognuno si faccia
il comodo proprio e ciò chiama civile progresso;
e Nuto: egli è giunto – sovente la vita ama ridere –
al posto di capo supremo d'un forte cartello
di banche, finanza, giornali e di gran magazzini
in cui lavorava Luigi, con grado intermedio
perché senz'appoggi. Luigi ha lasciato l'impiego.
Per Nuto? Non proprio: saputo d'un lercio pasticcio
di gran capitali, contrario alle piccole aziende,
ne chiese ragione ed ottenne nessuna risposta,
fra sguardi di ghiaccio, e persino velate minacce.
Allora Luigi ha mandato 'sta gente all'inferno
uscendo, e sbattendo la porta, dal grande complesso;

poi, senza più capi, ha informato del fatto giornali
e televisioni. Ne ha avuto soltanto silenzio.

Qualcosa ha da parte e gli rende quel tanto che basta
per vivere lui coi tre figli, tuttora studenti;
la moglie, fortuna! ha un impiego e mantiene sé stessa;
l'alloggio di via Garibaldi è da tempo pagato.
Eppure un po' teme il futuro, le grandi inflazioni,
eventi improvvisi che annullino tutti i risparmi
e insieme gli sguardi in famiglia se questo accadesse;
e a cìnquantùn anni è lontana l'età di pensione.
Allora ha cercato un impiego, almeno un part-time;
ma a cìnquantùn anni nessuno t'assume al lavoro.
Ha dunque pensato: «A 'sto mondo che adora il successo
che mai vuoi che importi d'un uomo già grigio di pelo,
d'un uomo di gran coerenza di nome Luigi?!».

Invece è nel piano divino che arrivi un lavoro
e già c'è qualcuno che aspetta d'avere il suo aiuto.
L'amico Giampaolo, psichiatra che cura drogati,
aveva un problema: un suo vecchio valente sodale,
avendo l'età di pensione ed acciacchi diversi,
aveva deciso d'andare a riposo: chi mai
avrebbe trovato, sì bravo, per fargli da economo?
E, «grazie al Signore», non era passato che un giorno,
Giampaolo, incontrando Luigi, che abita al piano
di sopra al suo alloggio, gli aveva parlato del fatto
avendone, lesto, il rimando: «Ma sono qua io!».
Luigi collabora, adesso, felice, a quel còmpito
e dona un aiuto ai suoi simili insieme a Giampaolo.

Sapete? Non son cinque giorni, Luigi, passando
da corso Regina, di sera, tornando in famiglia,
trovò una ragazza piegata su sé, che asfissiava
per voglia di droga. Si seppe, più avanti, che era
la figlia di due che conobbe, Gilberto e Luciana,
un povero grumo di pena dal nome di Gaia:
drogata, scappata dai suoi, era giunta, da schiava,
accanto a un Omàr, spacciatore di droga, pescato
da poco, col cuore spaccato, nell'acque del Po;
e, sola, vagava soffrendo su corso Regina.
La prassi sarebbe diversa: Luigi, d'istinto,
si prese su Gaia sull'auto, portandola al Centro.
Fu là che Giampaolo, aiutando la giovane donna,
capì, e lo disse a Luigi, chi era colei.
Vorrebbe salvare ciascuno Giampaolo e ha gran pena
che, spesso, la gente che cura ritorni alla droga.
Potrà questa Gaia guarire? Lo sa solo il Cielo.
Giampaolo vorrebbe capire perché ci si caschi,
ché, almeno, potrebbe evitare dei nuovi drogati.
Partito, all'inizio, dal solito luogo comune
che il salto nel mar della droga avvenisse per cause
d'emàrginazione, famiglie divise, lordure,
capì ch'era invece un problema più vasto e complesso.
Parecchi di quei poveretti incontrati nel Centro
non erano affatto ragazzi tenuti sui margini,
o figli di gente brutale, ma giovani ricchi,
di quelle famiglie contente che dànno ogni cosa.
Ma qual era allora il comune denòminatore?
«…e non sarà poi che, oramai, tanti tengono a bestia
ciascuna dell'altre persone e lo insegnano ai figli,
convinti che gli altri sian niente e la vita una caccia?

Se fosse che ognuno di loro pensasse sé stesso
qual centro e ciascuno degli altri uno zero ed appena
colpito, anche poco, da un altro, o dai fatti, cadesse
in gran depressione, coniglio acchiappato a tagliola?
E allor, non sapendo reagire, volesse stordirsi,
cadere nel nulla, lasciare la vita alla morte?»
gli ha chiesto, da mero profano, stamani, Luigi.

Giampaolo il medico

Un luogo comune pronuncia: «A vent'anni, poeti
e dei machiavelli a quaranta!» ma è un detto sbagliato:
c'è gente che resta poeta per tutta la vita
e chi già a vent'anni sa solo il piacere dell'io.
Giampaolo era stato altruista e altruista rimase,
ma solo più avanti, negli anni, ne venne del bene,
ché quando l'ideale riposi su mere parole,
ne sorte la pena ch'è pena non meno profonda
di quella che viene dal culto dell'ego centrale
– entrambi hanno pari allo zero il valore dell'uomo –:
Giampaolo era stato negli anni più gióvani in giro
con l'ambasciatore Gianluca, suo padre, e la madre,
inglese dei conti di Weaver, famiglia potente;
e in giro pel mondo, vedendo miseria e dolori
vicini a ricchezze possenti e a brutale arroganza,
persone che in Africa e in Asia morivano a mucchi
e pochi potenti pasciuti più ricchi di Creso,
ne crebbe alla voglia di bene, col cuore pesante.
Scienziati di varie materie si sono consunti
per giungere a avere la legge del bene e del male:
perché questi ama ed un altro detesta e aggredisce?
E tanti studiosi si sono affannati a capire
perché l'uno lieto obbedisca in un gruppo, altri guidi
e un terzo non voglia il comando e non ami seguire.
Nessuno ha ottenuto risposte, ma certo Giampaolo
non era di quelli gregari, né amava il comando
– «Ha preso dal padre!» diceva la madre, orgogliosa –;
e fu quel suo cuore alla fine a indicargli la via.
Intanto, raggiunta l'età degli studi più alti,

Giampaolo s'iscrisse a Torino, città di suo padre,
al corso di laurea per medici neuropsichiatri,
sperando d'avere risposte al problema del male;
e andò ad abitare dai nonni paterni, nel loro
antico bellissimo alloggio di via Garibaldi.
Correvano gli anni '70, di grande ingiustizia,
così come quelli di tutta la storia dell'uomo,
ma forte era in molti, a quei tempi, l'idea del progresso:
illuso da illusi maestri che il male sia solo
prodotto sociale, finì dentro a uno dei tanti
gruppetti che allora facevano CONTESTAZIONE:
un gran parapiglia che dava soltanto dolore
perché senza il quale né il quanto «progresso, eguaglianza,
giustizia!» son mere parole che impugnano legni
da dare sul capo a chi vesta un colore diverso,
e buone per tutti i cervelli e per ogni tiranno;
e presto Giampaolo, vedendo persone insultare
persone, colare del sangue e ragazzi, contenti,
soggetti a ragazzi entusiasti di darne i comandi,
sentì quell'arcano suo cuore dettargli prudenza.
I dubbi si fecero appresso di molto più gravi
per quanto una sera successe e la sera seguente.
Ne fu causa agente un vicino di casa dei nonni,
Luigi, sposato e già padre da un anno, laureato
in èconomìa da buon tempo e più vecchio di lui
di circa dieci anni: quest'uomo era un personalista
che, all'uso del tempo, era detto fascista da tanti,
perché non marxiano. Una sera del '76,
Luigi gli aveva sonato alla porta per dargli
«un testo del Popper che parla di società aperta
e libri, sul personalismo, di Jacques Maritain».

Com'era? Sia lui sia Giampaolo, la sera dinanzi,
già avévano alquanto parlato, per strada e sull'uscio,
tornando da una di quelle noiose assemblee
che hanno a subire i condòmini d'ogni palazzo
– Giampaolo era andato per conto dei nonni – ogni anno.
Venuti a parlare dell'uomo, Luigi, sereno,
un po' rispondendo e, più ancòra, facendo domande,
aveva aggravato in Giampaolo i suoi sani dilemmi;
e poi, per buon peso, la sera seguente, gli aveva
portato quei libri. Il ragazzo, leggendo con gusto
e poi rileggendo, ebbe prova di quanto sia bene
il dubbio in politica e male l'avere una fede
in ìdeologìe e che il buono è in ciascuna persona.
Sovente sonò da Luigi per nuovi colloqui
e, parla e discuti, finì che divennero amici.
Aveva, frattanto, troncato col gruppo politico
in séguito a un brutto episodio di sangue e idiozia:
nel corso d'un greve corteo rumoroso di gruppi
marx-mao-leninisti in cui pure, ma ormai non convinto,
marciava Giampaolo, i più duri avean preso di mira
Arduino, coiffeur con negozio su corso Regina,
perché non aveva serrato a sostegno «del popolo»;
e quegli era appena sortito sull'uscio a capire,
che Nuto, il capetto del gruppo del nostro Giampaolo,
gridando «...ma chiudi, fascista!» già aveva tirato
in giù la serranda e colpito sul capo quell'uomo
che, grazia! sia pur sanguinante, non venne là ucciso;
ma gli occhi egli fisse negli occhi a Giampaolo, d'un tale
dolore e stupore che lui, quasi quasi, ne pianse.
Così più non era tornato in quel gruppo d'eroi;
per caso ne aveva incontrato, una volta, i più duri,

facendo due passi, d'estate, col caro Luigi:
quel Nuto, Bernardo, Luciana e Gilberto che oggi,
son ricchi arroganti felici del proprio potere.
Ebbene, volarono insulti ai due amici, e pedate,
ma presto Luigi, con quattro ceffoni ben dati,
sedò la contesa. Gli urlarono dietro: «Fascista!».
Adesso Giampaolo è psichiatra che cura drogati
con gran sacrifici, sicuro di fare del bene;
ma ancòra oggigiorno se passa davanti al coiffeur,
Giampaolo cammina veloce, guardando per terra.

Gianluca l'ambasciatore

Gianluca è felice per come ha condotto la vita
e, invero, ne è a volte persino un po' troppo superbo.
Invece temeva, ragazzo, di fare la morte
di chi sta in azienda col padre, il più greve signore.
Il suo genitore, ribelle a qualunque padrone,
con molto lavoro e dei mutui e anche un po' di fortuna,
aveva creato una ditta con venti operai,
e aveva preteso che il figlio seguisse il suo solco.
Usava una volta, da parte di gente d'affari,
di chiudere i figli in collegio e curarsi l'azienda
lasciando a tremendi maestri di farli maturi
portandoli infine a un diploma; poi metterli in ditta.
Se i figli gradissero studi e carriere diverse
e certo di crescere in casa e non dentro a convitti,
non era a quei tempi tenuto per nulla nel conto;
ma, libero il padre, così per suo figlio: si disse:
«Io vado in azienda ma, infine, mi scelgo la vita»;
e essendo abituato in collegio a guidarsi da solo,
s'iscrisse anzitutto, a sue spese, ad un corso di laurea.
Usava di dare a quei tempi agli eredi in azienda
ben poco denaro; era un bene, ma a lui che restava,
pagati i suoi libri? Si mise a studiare di notte,
ben pochi i piaceri; di giorno era in ditta alle nove,
finiva alla sera. Nel doppio del tempo normale,
con molto stupore del padre, si prese la laurea;
e allora, gli fece con calma il seguente discorso:
«Non sono felice di stare a guardare operai
tra tubi e lamiere e di fare i tuoi conti, a stipendio,
pensando che, il giorno che muori, divento padrone.

Ho fatto domanda per fare un concorso giù a Roma
che porta chi vince alla via de la dìplomazia».
Il padre rispose: «Non vinci» e «Se vai, non ritorni»;
e invece lo vinse, il concorso, e fu il primo di tutti.
Fu addetto in alcune ambasciate, poi fece carriera
e fu ambasciatore onorato in diversi Paesi,
trattò con i capi di Stato, donò i suoi consigli
a molti ministri, sposò, molto bene, un'inglese.
Intanto suo padre, deluso, svendeva la ditta
in cambio di Buoni di Stato ed andava in pensione
insieme alla moglie; ma causa la grande inflazione
degli anni '70, via via il denaro si sciolse,
così che alla morte dei suoi rimaneva a Gianluca,
di tutti gli averi del padre, soltanto l'alloggio;
ma lui s'era fatta una buona ed onesta fortuna
mettendo da parte denaro e investendolo bene.
Contento, tornava ogni anno alla casa dei suoi
volando a Torino da grandi Paesi lontani,
felice di dare un saluto a parenti ed amici,
più ancòra, di fare il racconto dei propri successi.
Adesso ha l'età di pensione e è tornato per sempre.
È tempo, per Nostro Signore, di fargli un rabbuffo.
Appena arrivato, passò a visitare un amico
d'infanzia, compagno di studi e già quasi un fratello;
qualcosa volava nell'aria quel giorno, di scuro.
Appena all'amico d'infanzia – artigiano in pensione
con sole seicento migliaia di lire per mese –
fu chiaro che a lui, viceversa, venivano dieci
milioni, divenne di colpo d'un bianco-lenzuolo,
poi rosso e, guatandolo brutto, gli esplose sul viso:
«Sei sempre venuto a trovarmi per darti le arie.

Ah, tutti voi ricchi valete davvero una cicca!
Ringrazia tuo padre, t'ha data la pappa già pronta,
t'ha dato le spinte agli esami, al concorso e in carriera;
se no, tu restavi soltanto un somaro fallito».
Com'è che un somaro fallisca è uno strano dilemma,
ma in quella a Gianluca, allibito, nemmeno si pose,
né, pure, poté replicare: «T'inventi le cose»
ché l'altro l'aveva, frattanto, artigliato nel braccio
e messo, un po' tira ed un po' spingi, senz'altro alla porta.

Vincenzo, parte seconda

Vincenzo non solo è razzista, ma è pure invidioso.
Quel giorno che fecero un furto a due ricchi lattai
vicini di casa vuotando il negozio, fu lieto.
Pensò: «Troppi soldi! Ben giusto che questo terrone
montato con quattro carezze ai denari di lei,
e lei che, da sempre, ha goduto dei soldi del padre
si prendano adesso due sberle da madre Fortuna».
Vincenzo non solo è invidioso ma è pure un attore.
Il giorno seguente, ad entrambi, con viso compunto,
«Oh, come mi spiace», profuse, «che colpo tremendo!»
e verso un suo vecchio compagno d'infanzia, Gianluca,
«un ricco a miliardi», ne dice, «con pappa già fatta»,
lo stesso: carezze davanti, veleno di dietro.
Sia lui sia Gianluca, bambini, eran stati sodali
di studi, un collegio di ricchi con rette tremende:
Vincenzo era figlio d'autista e di cuoca impiegati
in una casata d'abbienti signori di terre
e un giorno il figliolo piccino dei loro padroni
cascò dentro a un pozzo e la cuoca, con molto coraggio,
discese a pescarlo salvando l'infante da morte.
Così fu concesso, per premio, al bambino Vincenzo
d'andare, con retta pagata, a una scuola famosa
il Regio Collegio Convitto Vittore d'Ampezzo
ov'era rinchiuso a sua volta l'amico Gianluca.
Lì nacque l'invidia in Vincenzo ed assieme anche l'arte
di fingere bianco pensando che invece sia nero.
Gianluca, d'estate, in vacanza, accoglieva per casa
-«Che argenti, che sale!»- Vincenzo e era quasi un fratello.
Laureato con lode, l'amico fu in Africa e in Asia

nel nome d'Italia e in Europa, feluca e spadino.
D'estate tornava e correva dal caro Vincenzo
a dare un saluto e quest'altro crepava d'invidia.
«Eh, i ricchi hanno gran conoscenze!» ripete con ira,
«per me, che son uomo qualunque, soltanto pedate!».
Bocciato più volte in collegio, fu fatto apprendista
d'un fabbro ferraio dotato di molta pazienza.
Purtroppo non s'è dimostrato artigiano provetto,
per questo, di soldi, ne ha fatti davvero pochini
e a lui che ha il denaro per divo, la cosa è ben dura.
Comunque è riuscito a portare Giovanni alla laurea,
il figlio ch'è già direttore di banca a Torino.
Vincenzo è un attore ma a volte la rabbia è più forte.
Non s'è trattenuto per niente domenica scorsa,
e ha rotto per sempre i rapporti col vecchio Gianluca.
Tant'è: gli era morto da poco il suo cane fidato
che, nella stagione, fiutava tartufi a cassette
e, un po' nel dolore d'avere perduto un fedele,
un po' nella rabbia d'avere perduto denari,
si vide arrivare di colpo l'amico Gianluca
che prese a vantarsi d'avere un'enorme pensione
– con lui che, artigiano, l'ha invece da morto di fame! –.
L'amico nemmeno finì quel suo bravo discorso
che, rosso nel viso, gridando, Vincenzo lo prese
senz'altro nel braccio e, tirando e spingendo alla porta,
espulse dai propri confini quel gran diplomatico;
e in casa da sempre Vincenzo è un signor prepotente
con Gina, la sposa – soltanto una povera vittima –:
a volte vorrebbe ammazzarlo per tanto è cattivo,
ma poi si conforta: «È soltanto per mio purgatorio»,
e prega per sé e per Vincenzo ché Dio lo converta.

C'è pure una donna lontana che prega per lui,
suor Anna che assiste lebbrosi nel centro dell'Asia
ed è sua sorella di sangue. Ragazza, decise
che il mondo è più bello servendo malati per Dio,
tra un male che salva, lontani da invidie e rancori,
e andò in quei Paesi a incontrare la pena vivente,
guardare negli occhi e aiutare persona, persona ...
Là pure ha trovato le invidie, le male parole,
i gesti cattivi; e la pena che pulsa e dispera.

Eppure dovunque, e in famiglia, c'è gente che soffre,
è terra ciascuna contrada d'aiuto e missione
e dice un proverbio: «Se ognuno pulisce davanti
al proprio palazzo, la strada diventa pulita»;
ma aggiunge: «Ciascuno si scelga la casa che vuole».
Che bello se pure Vincenzo facesse del bene!
Invece non s'apre a nessuno, nemmeno agli amici,
neppure in famiglia: suo figlio ha sposato una donna
di Bàri, ë lùi manco vuòle vedèrli, «quei *nàpoli!*»
pur se, «a *schinare* le furie di quei gran *balenghi*»,
ormai dei *terroni* non dice né bene né male.

Fortuna che adesso a Torino ci sono i *marocchi*,
così può di nuovo esternare le brave sue critiche.

PREFAZIONE DI SERGIO NOTARIO ALLA PRIMA EDIZIONE (1993)

Sono stato invitato a scrivere la prefazione di questo "racconto" "torinese" "in 1000 versi" "contro il razzismo" di Guido Pagliarino. L'ho coscienziosamente letto, dal primo all'ultimo verso e mi sento in dovere di dichiarare che spesso mi sono trovato in contrasto con i discorsi ideologici e filosofici che emergono in modo estremamente chiaro e che sono spesso agli antipodi della mia impostazione. Ciò premesso, con altrettanta coerenza, ritengo di poter invitare il lettore ad una attenta riflessione sulle modalità particolarmente interessanti con le quali l'opera si presenta. Ed è importante partire da quei termini virgolettati all'inizio.

È un "racconto" e del racconto ritroviamo i personaggi e l'intrecciarsi delle vicende e la capacità di incastrare personaggi e situazioni gli uni con le altre, dal momento iniziale dell'incontro con Vincenzo, l'antiterrone per eccellenza, al momento finale dove Vincenzo, con il classico "colpo di scena" di tipo teatrale si trasforma (qui, attraverso un miracolo, secondo la sensibilità religiosa, tutta da rispettare, dell'Autore) in un personaggio positivo "e piange con quella ragazza che piange con lui / Mai prima trovò tale pace...". E la galleria dei personaggi è vasta e varia e alcuni di essi rimarranno indimenticabili, soprattutto quelli schizzati in pochi versi (Abdùl Satelèch, Il vecchio ambulante, Ajanìra Babùtu).

Racconto e "torinese". E mi importa richiamare questo, non tanto per la Torino che comunque emerge, ma per il linguaggio che da questa torinesità nasce. Detto che si tratta perlopiù di un linguaggio quotidiano, di un linguaggio parlato, la caratteristica principale risulta essere la capacità di una diretta traslazione dal piemontese in italiano, o meglio la reinvenzione di un italiano che ha cadenze, lessico, anche la struttura grammaticale della lingua piemontese ("Fortuna che almeno ..." "... e già tutto sia bell'e compiuto" "comunque che vada tra poco ...), tanto da farmi ricordare un'analoga reinvenzione lombarda ne "La ragazza Carla" di Pagliarani.

Racconto torinese "in 1000 versi". Sono versi di quindici sillabe, alcuni perfetti nella loro capacità di trasmettere in un unico verso la compiutezza dell'immagine ("Non sa che tra un mese lo pescano morto nel fiume"). E le quindici sillabe sono indubbiamente il frutto riuscito di una ricerca per rendere, nel miglior modo possibile, la narratività dei versi. Sono una ballata, una canzone, un respiro ampio, talvolta (soprattutto quando non si lascia travolgere dal sentenzioso, dal moralistico o moraleggiante, dove avvengono cadute di tono) avvolgente e struggente.

Racconto torinese in 1000 versi "contro il razzismo". Ed è una delle due tematiche di fondo che fanno da collante: la volontà antirazzista e la religiosità profonda; una religiosità che si professa chiaramente cattolica, o forse più ecumenicamente cristiana. Un cattolicesimo o cristianesimo che l'Autore vive con ferma convinzione, ma che ha la capacità di proporre, attraverso i protagonisti, non esente da ripensamenti e tormenti (Per molti cristiani la scelta di credere è sforzo / e il dùbbio ritorna ..."), forse ricordando il proprio passato di agnostico.

Ed i due momenti, l'antirazzismo e la religiosità, si compenetrano, fino a fondersi in una unica spinta, di una vita piena e realizzata attraverso e in essi, senza mezzi termini, dove il Bene sta da una parte e il male dall'altra ed i pencolamenti sono la debolezza dell'uomo, ma anche la forza della poesia.

Sergio Notario

Guido Pagliarino

L'autore ha pubblicato nel corso degli anni diversi saggi, romanzi e libri di poesia. Molti di questi lavori hanno ricevuto primi premi; per la sua opera edita fin al 1996, già nel 1997 gli era stato assegnato il "Premio della Cultura della Presidenza del Consiglio dei Ministri". Qualora si desideri leggere una dettagliata biobibliografia e trovare rimandi a recensioni di opere di Guido Pagliarino, si veda la seguente pagina del sito dell'autore: http://www.pagliarino.com/biografia.htm.

TEKTIME EDITORE
MONTEFRANCO (TR)
FINITO DI STAMPARE
NEL MESE DI GIUGNO 2019

www.ingramcontent.com/pod-product-compliance
Lightning Source LLC
LaVergne TN
LVHW041438170726
843492LV00008B/2683